消耗臭氧层物质管理条例

中国法制出版社

消耗臭氧层物质管理条例
XIAOHAO CHOUYANGCENG WUZHI GUANLI TIAOLI

经销/新华书店
印刷/保定市中画美凯印刷有限公司
开本/850 毫米×1168 毫米　32 开　　　　　印张/1　字数/13 千
版次/2024 年 1 月第 1 版　　　　　　　　　2024 年 1 月第 1 次印刷

中国法制出版社出版
书号 ISBN 978-7-5216-4219-3　　　　　　　定价：5.00 元

北京市西城区西便门西里甲 16 号西便门办公区
邮政编码：100053　　　　　　　　传真：010-63141600
网址：http://www.zgfzs.com　　　　编辑部电话：010-63141673
市场营销部电话：010-63141612　　　印务部电话：010-63141606

(如有印装质量问题，请与本社印务部联系。)

目　　录

中华人民共和国国务院令（第770号）……………（1）

国务院关于修改《消耗臭氧层物质管理条例》

　的决定 ……………………………………………（2）

消耗臭氧层物质管理条例 …………………………（9）

司法部、生态环境部负责人就《国务院关于

　修改〈消耗臭氧层物质管理条例〉的决定》

　答记者问 …………………………………………（24）

中华人民共和国国务院令

第 770 号

《国务院关于修改〈消耗臭氧层物质管理条例〉的决定》已经 2023 年 12 月 18 日国务院第 21 次常务会议通过，现予公布，自 2024 年 3 月 1 日起施行。

总理　李强
2023 年 12 月 29 日

国务院关于修改
《消耗臭氧层物质管理条例》的决定

国务院决定对《消耗臭氧层物质管理条例》作如下修改：

一、将第二条修改为："本条例所称消耗臭氧层物质，是指列入《中国受控消耗臭氧层物质清单》的化学品。

"《中国受控消耗臭氧层物质清单》由国务院生态环境主管部门会同国务院有关部门制定、调整和公布。"

二、将第四条修改为："消耗臭氧层物质的管理工作应当坚持中国共产党的领导，贯彻党和国家路线方针政策和决策部署。

"国务院生态环境主管部门统一负责全国消耗臭氧层物质的监督管理工作。

"国务院商务主管部门、海关总署等有关部门依照本条例的规定和各自的职责负责消耗臭氧层物质的有关监督管理工作。

"地方人民政府生态环境主管部门和商务等有关部门依照本条例的规定和各自的职责负责本行政区域消耗臭氧层物质的有关监督管理工作。"

三、第五条增加一款，作为第二款："禁止将国家已经淘汰的消耗臭氧层物质用于前款规定的用途。"

原第二款改为第三款，修改为："国务院生态环境主管部门会同国务院有关部门拟订《中国履行〈关于消耗臭氧层物质的蒙特利尔议定书〉国家方案》（以下简称国家方案），报国务院批准后实施。"

四、将第十七条、第十九条合并，作为第十七条，修改为："下列单位应当按照国务院生态环境主管部门的规定办理备案手续：

"（一）消耗臭氧层物质的销售单位；

"（二）从事含消耗臭氧层物质的制冷设备、制冷系统或者灭火系统的维修、报废处理等经营活动的单位；

"（三）从事消耗臭氧层物质回收、再生利用或者销毁等经营活动的单位；

"（四）国务院生态环境主管部门规定的不需要申请领取使用配额许可证的消耗臭氧层物质的使用单位。

"前款第（一）项、第（二）项、第（四）项规定的单位向所在地设区的市级人民政府生态环境主管部门备案，第（三）项规定的单位向所在地省、自治区、直辖市人民政府生态环境主管部门备案。"

五、将第二十条改为第十九条，第一款、第二款中的"国务院环境保护主管部门"修改为"国务院生态环境主管部门"，第三款修改为："从事消耗臭氧层物质回收、再生利用、销毁等经营活动的单位，以及生产过程中附带产生消耗臭氧层物质的单位，应当按照国务院生态环境主管部门的规定对消耗臭氧层物质进行无害化处置，不得直接排放。"

六、将第二十一条改为第二十条，其中的"国务院环境保护主管部门"修改为"国务院生态环境主管部门"。

增加一款，作为第二款："生产、使用消耗臭氧层物质数量较大，以及生产过程中附带产生消耗臭氧层物质数量较大的单位，应当安装自动监测设备，与生态环境主管部门的监控设备联网，并保证监测设备正常运行，确保监测数据的真实性和准确性。具体办法由国务院生态环境主管部门规定。"

七、将第三十一条改为第三十条，修改为："无生产配额许可证生产消耗臭氧层物质的，由所在地生态环境主管部门责令停止违法行为，没收用于违法生产消耗臭氧层物质的原料、违法生产的消耗臭氧层物质和违法所得，拆除、销毁用于违法生产消耗臭氧层物质的设备、设施，并处100万元以上500万元以下的罚款。"

八、将第三十二条改为第三十一条，修改为："依照本条例规定应当申请领取使用配额许可证的单位无使用配额许可证使用消耗臭氧层物质，或者违反本条例规定将已淘汰的消耗臭氧层物质用于制冷剂、发泡剂、灭火剂、溶剂、清洗剂、加工助剂、杀虫剂、气雾剂、膨胀剂等用途的，由所在地生态环境主管部门责令停止违法行为，没收违法使用的消耗臭氧层物质、违法使用消耗臭氧层物质生产的产品和违法所得,并处20万元以上50万元以下的罚款;情节严重的,并处50万元以上100万元以下的罚款,拆除、销毁用于违法使用消耗臭氧层物质的设备、设施。"

九、将第三十三条改为第三十二条,修改为:"消耗臭氧层物质的生产、使用单位有下列行为之一的,由所在地省、自治区、直辖市人民政府生态环境主管部门责令停止违法行为,没收违法生产、使用的消耗臭氧层物质、违法使用消耗臭氧层物质生产的产品和违法所得,并处10万元以上50万元以下的罚款,报国务院生态环境主管部门核减其生产、使用配额数量;情节严重的,并处50万元以上100万元以下的罚款,报国务院生态环境主管部门吊销其生产、使用配额许可证:

"(一)超出生产配额许可证规定的品种、数量、期限生产消耗臭氧层物质的;

"(二)超出生产配额许可证规定的用途生产或者销售消耗臭氧层物质的;

"(三)超出使用配额许可证规定的品种、数量、用途、期限使用消耗臭氧层物质的。"

十、将第三十五条改为第三十四条,修改为:"消耗臭氧层物质的生产、使用单位未按照规定采取必要的措施防止或者减少消耗臭氧层物质的泄漏和排放的,由所在地生态环境主管部门责令改正,处5万元以上10万元以下的罚款;拒不改正的,处10万元以上50万元以下的罚款，报国务院生态环境主管部门核减其生产、使用配额数量。"

十一、将第三十六条改为第三十五条，修改为："从事含消耗臭氧层物质的制冷设备、制冷系统或者灭火系统的维修、报废处理等经营活动的单位，未按照规定对消耗臭氧层物质进行回收、循环利用或者交由从事消耗臭氧层物质回收、再生利用、销毁等经营活动的单位进行无害化处置的，由所在地生态环境主管部门责令改正，处5万元以上20万元以下的罚款；拒不改正的，责令停产整治或者停业整治。"

十二、将第三十七条改为第三十六条，修改为："从事消耗臭氧层物质回收、再生利用、销毁等经营活动的单位，以及生产过程中附带产生消耗臭氧层物质的单位，未按照规定对消耗臭氧层物质进行无害化处置而直接排放的，由所在地生态环境主管部门责令改正，处10万元以上50万元以下的罚款；拒不改正的，责令停产整治或者停业整治。"

十三、增加一条，作为第三十八条："生产、使用消耗臭氧层物质数量较大，以及生产过程中附带产生消耗臭氧层物质数量较大的单位，未按照规定安装自动监测设备并与生态环境主管部门的监控设备联网，或者未保证监测设备正常运行导致监测数据不真实、不准确的，由所在地生态环境主管部门责令改正，处2万元以上20万元以下的罚款；拒不改正的，责令停产整治或者停业整治。"

十四、将第四十条改为第三十九条,增加一款,作为第二款:"以欺骗、贿赂等不正当手段取得消耗臭氧层物质进出口配额、进出口审批单、进出口许可证的,由国家消耗臭氧层物质进出口管理机构、国务院商务主管部门依据职责撤销其进出口配额、进出口审批单、进出口许可证,3年内不得再次申请,并由所在地生态环境主管部门处10万元以上50万元以下的罚款。"

十五、将第三十九条改为第四十条,修改为:"拒绝、阻碍生态环境主管部门或者其他有关部门的监督检查,或者在接受监督检查时弄虚作假的,由监督检查部门责令改正,处2万元以上20万元以下的罚款;构成违反治安管理行为的,由公安机关依法给予治安管理处罚;构成犯罪的,依法追究刑事责任。"

十六、增加一条,作为第四十一条:"因违反本条例规定受到行政处罚的,按照国家有关规定记入信用记录,并向社会公布。"

十七、对部分条文作以下修改:

(一)将第六条、第七条、第十二条、第十四条、第二十二条中的"环境保护主管部门",第九条、第二十五条、第二十六条、第二十七条中的"县级以上人民政府环境保护主管部门",统一修改为"生态环境主管部门";第二十八条中的"国务院环境保护主管部门"修改为"国务院生态环境主管部门","县级以上地方人民政府环境保护主管部门"修改为"地方人民政府生态环境主管部门";第二十九条中的"县级以上地方人民政府环境保护主管部门"修改为"地方人民政府生态环境主管部门";第三十四条中的"所在地县级以上地方人民政府环境保护主管部门"修改为"所在地生态环境主管部门","国务院环境保护主管部门"修改为"国务院生态环境主管部门";第三十八条中的"所在地县级以上地方人民政府环境保护主管部门"修改为"所在地生态环境主管部门",第(一)项中的"环境保护主管部门"修改为"生态环境主管部门"。

(二)将第八条中的"国务院环境保护主管部门"修改为"国务院生态环境主管部门","国家对在消耗臭氧层物质淘汰工作中做出突出成绩的单位和个人给予奖励"修改为"对在消耗臭氧层物质淘汰工作中做出突出成绩的单位和个人,按照国家有关规定给予奖励";第十条中的"出入境检验检疫机构"修改为"海关","国务院环境保护主管部门"修改为"国务院生态环境主管部门";第二十四条中的"《出入境检验检疫机构实施检验检疫的进出境商品目录》"修改为"必须实施检验的进出口商品目录","出入境检验检疫机构"修改为"海关"。

此外,对条文顺序作相应调整。

本决定自2024年3月1日起施行。

《消耗臭氧层物质管理条例》根据本决定作相应修改,重新公布。

消耗臭氧层物质管理条例

（2010年4月8日中华人民共和国国务院令第573号公布　根据2018年3月19日《国务院关于修改和废止部分行政法规的决定》第一次修订　根据2023年12月29日《国务院关于修改〈消耗臭氧层物质管理条例〉的决定》第二次修订）

第一章　总　　则

第一条　为了加强对消耗臭氧层物质的管理，履行《保护臭氧层维也纳公约》和《关于消耗臭氧层物质的蒙特利尔议定书》规定的义务，保护臭氧层和生态环境，保障人体健康，根据《中华人民共和国大气污染防治法》，制定本条例。

第二条　本条例所称消耗臭氧层物质，是指列入《中国受控消耗臭氧层物质清单》的化学品。

《中国受控消耗臭氧层物质清单》由国务院生态环境主管部门会同国务院有关部门制定、调整和公布。

第三条　在中华人民共和国境内从事消耗臭氧层物质的生产、销售、使用和进出口等活动，适用本条例。

前款所称生产,是指制造消耗臭氧层物质的活动。前款所称使用,是指利用消耗臭氧层物质进行的生产经营等活动,不包括使用含消耗臭氧层物质的产品的活动。

第四条 消耗臭氧层物质的管理工作应当坚持中国共产党的领导,贯彻党和国家路线方针政策和决策部署。

国务院生态环境主管部门统一负责全国消耗臭氧层物质的监督管理工作。

国务院商务主管部门、海关总署等有关部门依照本条例的规定和各自的职责负责消耗臭氧层物质的有关监督管理工作。

地方人民政府生态环境主管部门和商务等有关部门依照本条例的规定和各自的职责负责本行政区域消耗臭氧层物质的有关监督管理工作。

第五条 国家逐步削减并最终淘汰作为制冷剂、发泡剂、灭火剂、溶剂、清洗剂、加工助剂、杀虫剂、气雾剂、膨胀剂等用途的消耗臭氧层物质。

禁止将国家已经淘汰的消耗臭氧层物质用于前款规定的用途。

国务院生态环境主管部门会同国务院有关部门拟订《中国履行〈关于消耗臭氧层物质的蒙特利尔议定书〉国家方案》(以下简称国家方案),报国务院批准后实施。

第六条 国务院生态环境主管部门根据国家方案和消耗臭氧层物质淘汰进展情况,会同国务院有关部门确定并公布限制或者禁止新建、改建、扩建生产、使用消耗臭氧层物质建设项目的类别，制定并公布限制或者禁止生产、使用、进出口消耗臭氧层物质的名录。

因特殊用途确需生产、使用前款规定禁止生产、使用的消耗臭氧层物质的，按照《关于消耗臭氧层物质的蒙特利尔议定书》有关允许用于特殊用途的规定，由国务院生态环境主管部门会同国务院有关部门批准。

第七条 国家对消耗臭氧层物质的生产、使用、进出口实行总量控制和配额管理。国务院生态环境主管部门根据国家方案和消耗臭氧层物质淘汰进展情况，商国务院有关部门确定国家消耗臭氧层物质的年度生产、使用和进出口配额总量，并予以公告。

第八条 国家鼓励、支持消耗臭氧层物质替代品和替代技术的科学研究、技术开发和推广应用。

国务院生态环境主管部门会同国务院有关部门制定、调整和公布《中国消耗臭氧层物质替代品推荐名录》。

开发、生产、使用消耗臭氧层物质替代品，应当符合国家产业政策，并按照国家有关规定享受优惠政策。对在消耗臭氧层物质淘汰工作中做出突出成绩的单位和个人，按照国家有关规定给予奖励。

第九条 任何单位和个人对违反本条例规定的行为，有权向生态环境主管部门或者其他有关部门举报。接到举报的部门应当及时调查处理，并为举报人保密；经调查情况属实的，对举报人给予奖励。

第二章　生产、销售和使用

第十条　消耗臭氧层物质的生产、使用单位，应当依照本条例的规定申请领取生产或者使用配额许可证。但是，使用单位有下列情形之一的，不需要申请领取使用配额许可证：

（一）维修单位为了维修制冷设备、制冷系统或者灭火系统使用消耗臭氧层物质的；

（二）实验室为了实验分析少量使用消耗臭氧层物质的；

（三）海关为了防止有害生物传入传出使用消耗臭氧层物质实施检疫的；

（四）国务院生态环境主管部门规定的不需要申请领取使用配额许可证的其他情形。

第十一条　消耗臭氧层物质的生产、使用单位除具备法律、行政法规规定的条件外，还应当具备下列条件：

（一）有合法生产或者使用相应消耗臭氧层物质的业绩；

（二）有生产或者使用相应消耗臭氧层物质的场所、设施、设备和专业技术人员；

（三）有经验收合格的环境保护设施；

（四）有健全完善的生产经营管理制度。

将消耗臭氧层物质用于本条例第六条规定的特殊用

途的单位，不适用前款第（一）项的规定。

第十二条 消耗臭氧层物质的生产、使用单位应当于每年 10 月 31 日前向国务院生态环境主管部门书面申请下一年度的生产配额或者使用配额，并提交其符合本条例第十一条规定条件的证明材料。

国务院生态环境主管部门根据国家消耗臭氧层物质的年度生产、使用配额总量和申请单位生产、使用相应消耗臭氧层物质的业绩情况，核定申请单位下一年度的生产配额或者使用配额，并于每年 12 月 20 日前完成审查，符合条件的，核发下一年度的生产或者使用配额许可证，予以公告，并抄送国务院有关部门和申请单位所在地省、自治区、直辖市人民政府生态环境主管部门；不符合条件的，书面通知申请单位并说明理由。

第十三条 消耗臭氧层物质的生产或者使用配额许可证应当载明下列内容：

（一）生产或者使用单位的名称、地址、法定代表人或者负责人；

（二）准予生产或者使用的消耗臭氧层物质的品种、用途及其数量；

（三）有效期限；

（四）发证机关、发证日期和证书编号。

第十四条 消耗臭氧层物质的生产、使用单位需要调整其配额的，应当向国务院生态环境主管部门申请办理配额变更手续。

国务院生态环境主管部门应当依照本条例第十一条、第十二条规定的条件和依据进行审查，并在受理申请之日起20个工作日内完成审查，符合条件的，对申请单位的配额进行调整，并予以公告；不符合条件的，书面通知申请单位并说明理由。

第十五条 消耗臭氧层物质的生产单位不得超出生产配额许可证规定的品种、数量、期限生产消耗臭氧层物质，不得超出生产配额许可证规定的用途生产、销售消耗臭氧层物质。

禁止无生产配额许可证生产消耗臭氧层物质。

第十六条 依照本条例规定领取使用配额许可证的单位，不得超出使用配额许可证规定的品种、用途、数量、期限使用消耗臭氧层物质。

除本条例第十条规定的不需要申请领取使用配额许可证的情形外，禁止无使用配额许可证使用消耗臭氧层物质。

第十七条 下列单位应当按照国务院生态环境主管部门的规定办理备案手续：

（一）消耗臭氧层物质的销售单位；

（二）从事含消耗臭氧层物质的制冷设备、制冷系统或者灭火系统的维修、报废处理等经营活动的单位；

（三）从事消耗臭氧层物质回收、再生利用或者销毁等经营活动的单位；

（四）国务院生态环境主管部门规定的不需要申请领

取使用配额许可证的消耗臭氧层物质的使用单位。

前款第（一）项、第（二）项、第（四）项规定的单位向所在地设区的市级人民政府生态环境主管部门备案，第（三）项规定的单位向所在地省、自治区、直辖市人民政府生态环境主管部门备案。

第十八条 除依照本条例规定进出口外，消耗臭氧层物质的购买和销售行为只能在符合本条例规定的消耗臭氧层物质的生产、销售和使用单位之间进行。

第十九条 消耗臭氧层物质的生产、使用单位，应当按照国务院生态环境主管部门的规定采取必要的措施，防止或者减少消耗臭氧层物质的泄漏和排放。

从事含消耗臭氧层物质的制冷设备、制冷系统或者灭火系统的维修、报废处理等经营活动的单位，应当按照国务院生态环境主管部门的规定对消耗臭氧层物质进行回收、循环利用或者交由从事消耗臭氧层物质回收、再生利用、销毁等经营活动的单位进行无害化处置。

从事消耗臭氧层物质回收、再生利用、销毁等经营活动的单位，以及生产过程中附带产生消耗臭氧层物质的单位，应当按照国务院生态环境主管部门的规定对消耗臭氧层物质进行无害化处置，不得直接排放。

第二十条 从事消耗臭氧层物质的生产、销售、使用、回收、再生利用、销毁等经营活动的单位，以及从事含消耗臭氧层物质的制冷设备、制冷系统或者灭火系统的维修、报废处理等经营活动的单位，应当完整保存有关生产经营活动的原始资料至少3年，并按照国务院生态环境主管部门的规定报送相关数据。

生产、使用消耗臭氧层物质数量较大，以及生产过程中附带产生消耗臭氧层物质数量较大的单位，应当安装自动监测设备，与生态环境主管部门的监控设备联网，并保证监测设备正常运行，确保监测数据的真实性和准确性。具体办法由国务院生态环境主管部门规定。

第三章 进 出 口

第二十一条 国家对进出口消耗臭氧层物质予以控制，并实行名录管理。国务院生态环境主管部门会同国务院商务主管部门、海关总署制定、调整和公布《中国进出口受控消耗臭氧层物质名录》。

进出口列入《中国进出口受控消耗臭氧层物质名录》的消耗臭氧层物质的单位，应当依照本条例的规定向国家消耗臭氧层物质进出口管理机构申请进出口配额，领取进出口审批单，并提交拟进出口的消耗臭氧层物质的品种、数量、来源、用途等情况的材料。

第二十二条 国家消耗臭氧层物质进出口管理机构应当自受理申请之日起20个工作日内完成审查，作出是否批准的决定。予以批准的，向申请单位核发进出口审批单；未予批准的，书面通知申请单位并说明理由。

进出口审批单的有效期最长为90日，不得超期或者跨年度使用。

第二十三条　取得消耗臭氧层物质进出口审批单的单位,应当按照国务院商务主管部门的规定申请领取进出口许可证,持进出口许可证向海关办理通关手续。列入必须实施检验的进出口商品目录的消耗臭氧层物质,由海关依法实施检验。

消耗臭氧层物质在中华人民共和国境内的海关特殊监管区域、保税监管场所与境外之间进出的,进出口单位应当依照本条例的规定申请领取进出口审批单、进出口许可证;消耗臭氧层物质在中华人民共和国境内的海关特殊监管区域、保税监管场所与境内其他区域之间进出的,或者在上述海关特殊监管区域、保税监管场所之间进出的,不需要申请领取进出口审批单、进出口许可证。

第四章　监督检查

第二十四条　生态环境主管部门和其他有关部门,依照本条例的规定和各自的职责对消耗臭氧层物质的生产、销售、使用和进出口等活动进行监督检查。

第二十五条　生态环境主管部门和其他有关部门进行监督检查,有权采取下列措施:

(一)要求被检查单位提供有关资料;

(二)要求被检查单位就执行本条例规定的有关情况

作出说明；

（三）进入被检查单位的生产、经营、储存场所进行调查和取证；

（四）责令被检查单位停止违反本条例规定的行为，履行法定义务；

（五）扣押、查封违法生产、销售、使用、进出口的消耗臭氧层物质及其生产设备、设施、原料及产品。

被检查单位应当予以配合，如实反映情况，提供必要资料，不得拒绝和阻碍。

第二十六条 生态环境主管部门和其他有关部门进行监督检查，监督检查人员不得少于 2 人，并应当出示有效的行政执法证件。

生态环境主管部门和其他有关部门的工作人员，对监督检查中知悉的商业秘密负有保密义务。

第二十七条 国务院生态环境主管部门应当建立健全消耗臭氧层物质的数据信息管理系统，收集、汇总和发布消耗臭氧层物质的生产、使用、进出口等数据信息。

地方人民政府生态环境主管部门应当将监督检查中发现的违反本条例规定的行为及处理情况逐级上报至国务院生态环境主管部门。

县级以上地方人民政府其他有关部门应当将监督检查中发现的违反本条例规定的行为及处理情况逐级上报至国务院有关部门，国务院有关部门应当及时抄送国务院生态环境主管部门。

第二十八条　地方人民政府生态环境主管部门或者其他有关部门对违反本条例规定的行为不查处的，其上级主管部门有权责令其依法查处或者直接进行查处。

第五章　法律责任

第二十九条　负有消耗臭氧层物质监督管理职责的部门及其工作人员有下列行为之一的，对直接负责的主管人员和其他直接责任人员，依法给予处分；直接负责的主管人员和其他直接责任人员构成犯罪的，依法追究刑事责任：

（一）违反本条例规定核发消耗臭氧层物质生产、使用配额许可证的；

（二）违反本条例规定核发消耗臭氧层物质进出口审批单或者进出口许可证的；

（三）对发现的违反本条例的行为不依法查处的；

（四）在办理消耗臭氧层物质生产、使用、进出口等行政许可以及实施监督检查的过程中，索取、收受他人财物或者谋取其他利益的；

（五）有其他徇私舞弊、滥用职权、玩忽职守行为的。

第三十条　无生产配额许可证生产消耗臭氧层物质的，由所在地生态环境主管部门责令停止违法行为，没收用于违法生产消耗臭氧层物质的原料、违法生产的消耗臭氧层物质和违法所得，拆除、销毁用于违法生产消耗臭氧层物质的设备、设施，并处100万元以上500万元以下的罚款。

第三十一条 依照本条例规定应当申请领取使用配额许可证的单位无使用配额许可证使用消耗臭氧层物质，或者违反本条例规定将已淘汰的消耗臭氧层物质用于制冷剂、发泡剂、灭火剂、溶剂、清洗剂、加工助剂、杀虫剂、气雾剂、膨胀剂等用途的，由所在地生态环境主管部门责令停止违法行为，没收违法使用的消耗臭氧层物质、违法使用消耗臭氧层物质生产的产品和违法所得，并处20万元以上50万元以下的罚款；情节严重的，并处50万元以上100万元以下的罚款，拆除、销毁用于违法使用消耗臭氧层物质的设备、设施。

第三十二条 消耗臭氧层物质的生产、使用单位有下列行为之一的，由所在地省、自治区、直辖市人民政府生态环境主管部门责令停止违法行为，没收违法生产、使用的消耗臭氧层物质、违法使用消耗臭氧层物质生产的产品和违法所得，并处10万元以上50万元以下的罚款，报国务院生态环境主管部门核减其生产、使用配额数量；情节严重的，并处50万元以上100万元以下的罚款，报国务院生态环境主管部门吊销其生产、使用配额许可证：

（一）超出生产配额许可证规定的品种、数量、期限生产消耗臭氧层物质的；

（二）超出生产配额许可证规定的用途生产或者销售消耗臭氧层物质的；

（三）超出使用配额许可证规定的品种、数量、用途、期限使用消耗臭氧层物质的。

第三十三条　消耗臭氧层物质的生产、销售、使用单位向不符合本条例规定的单位销售或者购买消耗臭氧层物质的，由所在地生态环境主管部门责令改正，没收违法销售或者购买的消耗臭氧层物质和违法所得，处以所销售或者购买的消耗臭氧层物质市场总价3倍的罚款；对取得生产、使用配额许可证的单位，报国务院生态环境主管部门核减其生产、使用配额数量。

第三十四条　消耗臭氧层物质的生产、使用单位未按照规定采取必要的措施防止或者减少消耗臭氧层物质的泄漏和排放的，由所在地生态环境主管部门责令改正，处5万元以上10万元以下的罚款；拒不改正的，处10万元以上50万元以下的罚款，报国务院生态环境主管部门核减其生产、使用配额数量。

第三十五条　从事含消耗臭氧层物质的制冷设备、制冷系统或者灭火系统的维修、报废处理等经营活动的单位，未按照规定对消耗臭氧层物质进行回收、循环利用或者交由从事消耗臭氧层物质回收、再生利用、销毁等经营活动的单位进行无害化处置的，由所在地生态环境主管部门责令改正，处5万元以上20万元以下的罚款；拒不改正的，责令停产整治或者停业整治。

第三十六条　从事消耗臭氧层物质回收、再生利用、销毁等经营活动的单位，以及生产过程中附带产生消耗臭氧层物质的单位，未按照规定对消耗臭氧层物质进行无害化处置而直接排放的，由所在地生态环境主管部门责令改正，处10万元以上50万元以下的罚款；拒不改正的，责令停产整治或者停业整治。

第三十七条　从事消耗臭氧层物质生产、销售、使用、进出口、回收、再生利用、销毁等经营活动的单位，以及从事含消耗臭氧层物质的制冷设备、制冷系统或者灭火系统的维修、报废处理等经营活动的单位有下列行为之一的，由所在地生态环境主管部门责令改正，处5000元以上2万元以下的罚款：

（一）依照本条例规定应当向生态环境主管部门备案而未备案的；

（二）未按照规定完整保存有关生产经营活动的原始资料的；

（三）未按时申报或者谎报、瞒报有关经营活动的数据资料的；

（四）未按照监督检查人员的要求提供必要的资料的。

第三十八条　生产、使用消耗臭氧层物质数量较大，以及生产过程中附带产生消耗臭氧层物质数量较大的单位，未按照规定安装自动监测设备并与生态环境主管部门的监控设备联网，或者未保证监测设备正常运行导致监测数据不真实、不准确的，由所在地生态环境主管部门责令改正，处2万元以上20万元以下的罚款；拒不改正的，责令停产整治或者停业整治。

第三十九条　进出口单位无进出口许可证或者超出进出口许可证的规定进出口消耗臭氧层物质的，由海关依照有关法律、行政法规的规定予以处罚；构成犯罪的，依法追究刑事责任。

以欺骗、贿赂等不正当手段取得消耗臭氧层物质进出口配额、进出口审批单、进出口许可证的，由国家消耗臭氧层物质进出口管理机构、国务院商务主管部门依据职责撤销其进出口配额、进出口审批单、进出口许可证，3年内不得再次申请，并由所在地生态环境主管部门处10万元以上50万元以下的罚款。

第四十条　拒绝、阻碍生态环境主管部门或者其他有关部门的监督检查，或者在接受监督检查时弄虚作假的，由监督检查部门责令改正，处2万元以上20万元以下的罚款；构成违反治安管理行为的，由公安机关依法给予治安管理处罚；构成犯罪的，依法追究刑事责任。

第四十一条　因违反本条例规定受到行政处罚的，按照国家有关规定记入信用记录，并向社会公布。

第六章　附　　则

第四十二条　本条例自2010年6月1日起施行。

司法部、生态环境部负责人就《国务院关于修改〈消耗臭氧层物质管理条例〉的决定》答记者问

2023年12月29日，国务院总理李强签署第770号国务院令，公布《国务院关于修改〈消耗臭氧层物质管理条例〉的决定》（以下简称《决定》），自2024年3月1日起施行。日前，司法部、生态环境部负责人就《决定》有关问题回答了记者提问。

问：请简要介绍修改《消耗臭氧层物质管理条例》的背景。

答：加强消耗臭氧层物质管理，是保护臭氧层和生态环境、应对气候变化的重要举措。为推动保护臭氧层工作，国际社会于1987年达成了《关于消耗臭氧层物质的蒙特利尔议定书》（以下简称《议定书》），《议定书》明确了受管控的消耗臭氧层物质范围以及缔约国分阶段淘汰受控物质的目标要求。我国自1991年加入《议定书》以来，认真履行国际公约义务，积极采取措施淘汰受控物质，大力推广绿色低碳替代技术，履约情况受到国际社会普遍赞誉，树立起了负责任大国形象。

为加强对消耗臭氧层物质的管理，更好履行国际公约义务，2010年国务院制定了《消耗臭氧层物质管理条例》（以下简称《条例》）。《条例》对消耗臭氧层物质生产、使用、销售、回收、再生利用、进出口等环节的管理措施均作了明确规定，构建了全链条的管理制度。《条例》施行10多年来发挥了积极作用，我国对消耗臭氧层物质的管理更加规范、有力，成效更为显著。

2016年10月，《议定书》第28次缔约方大会通过了《〈关于消耗臭氧层物质的蒙特利尔议定书〉基加利修正案》（以下简称《基加利修正案》）。2021年4月，习近平主席宣布中国已决定接受《基加利修正案》，同年9月15日《基加利修正案》对我国正式生效。为与国际公约对接，有必要对《条例》有关内容进行修改。同时，根据实际情况，需要通过修改《条例》，进一步完善消耗臭氧层物质管理措施，提升监管效能，强化法律责任，加大对违法行为的处罚力度。《条例》修改后，我国消耗臭氧层物质管理制度将更加完善，有力促进为应对气候变化作出新的贡献。

问：这次修改《条例》的总体思路是什么？

答：这次修改《条例》的总体思路非常明确，就是坚持突出重点，聚焦与国际公约对接、完善消耗臭氧层物质管理措施、强化法律责任等问题确定修改内容，着力增强针对性实效性。

问：在对接国际公约方面作了哪些修改？

答：主要有两个方面。一是《基加利修正案》将氢氟碳化物纳入《议定书》受控物质范围。氢氟碳化物虽不直接破坏臭氧层，但具有高全球升温潜能值，是《联合国气候变化框架公约》管控的温室气体之一。适应这一变化，这次修改将《条例》所称的消耗臭氧层物质界定为"列入《中国受控消耗臭氧层物质清单》的化学品"，不再保留"对臭氧层有破坏作用"的限定性表述，以便将氢氟碳化物纳入受控清单。二是《基加利修正案》对氢氟碳化物设定的目标是逐步削减而不是淘汰，据此将《条例》中的"《中国逐步淘汰消耗臭氧层物质国家方案》"修改为"《中国履行〈关于消耗臭氧层物质的蒙特利尔议定书〉国家方案》"，这样在表述上更具有包容性。

问：从哪些方面进一步完善了消耗臭氧层物质管理措施？

答：主要有三个方面。一是《条例》授权国务院生态环境主管部门规定消耗臭氧层物质使用单位不需要申请领取使用配额许可证的情形，但对这类不领取许可证的单位如何管理，措施不够明确。有鉴于此，《决定》将这类单位纳入《条例》对消耗臭氧层物质销售单位等实行的备案管理范围。实际执行中生态环境主管部门实行线上备案，不会加重企业负担。二是对生产过程中附带产生消耗臭氧层物质的单位，明确要求其按规定对所产生的消耗臭氧层物质进行无害化处置,不得直接排放。**三是**为提升监管效能,规定生产、使用消耗臭氧层物质数量较大以及生产过程中附带产生消耗臭氧层物质数量较大的单位应当安装自动监测设备,与生态环境主管部门的监控设备联网,并保证监测设备正常运行,确保监测数据真实准确。上述措施都是在总结实践经验的基础上,根据加强消耗臭氧层物质管理的实际需要作出的规定。

问:在完善法律责任方面作了哪些规定?

答:完善法律责任是这次修改《条例》聚焦的重点内容之一。**一是**对这次修改中补充规定的管理措施,相应明确了违反规定的法律责任。例如,针对将已淘汰的消耗臭氧层物质用于制冷剂、发泡剂、灭火剂、溶剂、清洗剂、加工助剂、杀虫剂、气雾剂、膨胀剂等用途的违法行为,规定了没收违法所得、罚款等处罚。**二是**加大处罚力度,完善处罚种类,提高了对违法行为的罚款数额,对部分违法行为增加了责令停产整治或者停业整治的处罚。**三是**明确对因违反规定受到行政处罚的,记入信用记录并向社会公布。

问:除上述主要修改内容外,对《条例》还作了哪些修改?

答:除上述主要修改内容外,还根据党和国家机构改革等情况,对《条例》中有关部门名称等表述作了相应调整。比如,将"环境保护主管部门"修改为"生态环境主管部门"，"县级以上地方人民政府环境保护主管部门"修改为"地方人民政府生态环境主管部门"，"所在地县级以上地方人民政府环境保护主管部门"修改为"所在地生态环境主管部门"；以及将"出入境检验检疫机构"修改为"海关"，"《出入境检验检疫机构实施检验检疫的进出境商品目录》"修改为"必须实施检验的进出口商品目录"，等。

问：在抓好《决定》的实施方面有哪些考虑和安排？

答：主要有以下考虑和安排。**一是**深入组织普法宣传和培训。生态环境部将会同有关方面，采取多种形式做好《决定》的宣传解读和培训等工作，使有关各方充分知晓和准确掌握《决定》内容，为《决定》顺利实施营造良好环境。**二是**完善有关配套规定。生态环境部将会同有关部门修订履约国家方案和有关受控清单，制定安装自动监测设备等方面的具体管理办法，把《决定》的内容进一步落实落细。**三是**加强监督检查。不断加强执法队伍建设，提升执法能力和水平，加大监督执法力度，严格依法查处违法行为，切实做好《决定》的贯彻实施。